AF379287

San Cono

Sueños, Numerología, Oraciones y Milagros

San Cono

Sueños, Numerología, Oraciones y Milagros

R. Regio

Grupo Editorial Tomo, S. A. de C. V.
Nicolás San Juan 1043
03100 México, D. F.

1a. edición, julio 2003.

© *San Cono*
Sueños, Numerología, Oraciones y Milagros
R. Regio

© 1998, NEED, Bueno Aires, Argentina.
Derechos cedidos de edición por:
Retórica Ediciones, S.R.L.

© 2003, Grupo Editorial Tomo, S.A. de C.V.
Nicolás San Juan 1043, Col. Del Valle
03100 México, D.F.
Tels. 5575-6615, 5575-8701 y 5575-0186
Fax. 5575-6695
http://www.grupotomo.com.mx
ISBN: 970-666-694-X
Miembro de la Cámara Nacional
de la Industria Editorial No. 2961

Diseño de Portada: Trilce Romero
Supervisor de producción: Leonardo Figueroa

Ninguna parte de esta publicación podrá ser reproducida
o transmitida en cualquier forma, o por cualquier medio
electrónico o mecánico, incluyendo fotocopiado, cassette, etc.,
sin autorización por escrito del editor titular del Copyright.

Impreso en México - *Printed in Mexico*

Índice

El Santo Cono

No hace falta ser un apasionado del juego para que el turista se vea impulsado a visitar la bella ciudad de Florida, centro del departamento del mismo nombre en las cuchillas de nuestro hermano país oriental, para estar cerca de la imagen del ya legendario santo napolitano, San Cono, que desde ya hace casi un siglo, habita la capilla especialmente destinada a él.

Muchas personas concurren para pedir ayuda al Santo en problemas relacionados con la familia y la salud. Jóvenes enamorados se encomiendan para resolver conflictos amorosos; en tanto que otros prometen eterna fidelidad si resultan favorecidos en la lotería.

Estos actos tradicionales se repiten año tras año, y causa asombro la diversidad de pedidos que el Santo recibe.

Nacido en el seno de una familia humilde, en el siglo XI de la era cristiana, en la localidad de Diano, resultó ser desde muy pequeño una criatura fuera de lo común. Tímido, apocado, inteligente, tenía cierto aire místico que lo diferenciaba de otros niños. Con el paso de los años, Cono —así llamado por un cerro de su comarca— decidió seguir el camino de Jesús, y al igual que él, abandonó su casa natal para dirigirse al convento de Santa María de Cadossa, regido por aquellos tiempos, por la Orden de los Benedictinos.

Rápidamente se sintió cómodo en su nueva vida ganándose el cariño y respeto de sus hermanos mayores. Su profundo amor a la Virgen lo obligaba a severas penitencias para demostrar su devoción.

Al tomar conocimiento sobre la vida de este Santo, descubrimos que fueron varios los milagros logrados por él mientras permaneció en el convento y durante su breve paso por el mundo.

Se dice que el primero de esos milagros ocurrió mientras sus hermanos fabricaban el pan: no encontrándoselo por ninguna parte, se lo vio salir del horno en perfecto estado: Cono era inmune al fuego.

El segundo milagro se produjo cuando los padres decidieron sepultar el cadáver de Cono. Los habitantes de Diano querían conservarlo en su capilla y los Benedictinos querían tenerlo en la suya. Como no se ponían de acuerdo, dejaron que los bueyes que arrastraban la carreta donde era trasladado decidieran por sí mismos el destino final de Cono. Los animales arrastraron la carreta con la preciosa carga hasta la plaza de Diano Taggiano, y no se movieron de allí. Más tarde se colocó en ese lugar una estatua de bronce y los restos de Cono fueron depositados en la capilla de la comarca.

El tercer milagro se produjo ante la amenaza de un gran terremoto que arrasó con la mayoría de las viviendas y sus habitantes. Lo único que permaneció en pie, fue la capilla donde se encontraba el beato. Nadie pudo desmentir jamás que ese fenómeno físico se produjo por la voluntad divina de San Cono.

Otro milagro se refiere al momento en que durante el siglo XIII, Italia fue inundada por los sonidos estridentes de los clarinetes guerreros de Federico de Aragón. Sólo la zona que rodeaba la capilla de Diano se salvó de los ataques. Las campanas doblaron por sí mismas trayendo la paz al lugar.

Un tres de junio, en su cumpleaños número 18, mientras cenaba con unos compañeros, sintió que una voz lo llamaba, así fue como entregó su alma a Dios. San Cono fue canonizado el 3 de junio de 1872 por el Papa Pío Nono en la plaza de San Pedro en Roma, Italia.

Con el descubrimiento de América, y posteriormente con las corrientes inmigratorias, se fue creando en la pequeña localidad de Florida una colonia italiana con inmigrantes procedentes de Nápoles, y en particular de la provincia de Salerno.

En 1882, Blas Bloy, uno de los italianos llegados al Río de la Plata, fue designado para que trajese de la localidad de Diano la imagen de San Cono. Así fue como en un predio cedido por el municipio de la comunidad italiana, se edificó una capilla que hoy lleva el nombre de su patrono, la cual fue inaugurada el 3 de junio de 1883.

Desde entonces, San Cono se fue convirtiendo no sólo en la imagen de la comunidad católica de Florida, sino que trascendió las fronteras llegando hasta Brasil, Bolivia y la Argentina.

La generosidad de San Cono se ha apropiado del corazón de la gente, haciendo de la solidaridad y la fe el mejor tributo a su Santo.

San Cono y los números

Se ha llegado a la conclusión, de que el ilustre Santo seguramente en reconocimiento a la devoción que se le profesa, favorece a sus creyentes con el número 3 (fecha de su nacimiento y canonización), siempre que se apueste el día 3 de junio o días cercanos.

Los que estudian las estadísticas para sus cábalas, creen fervorosamente en la infalibilidad de San Cono. Cuentan que en una ocasión, el primer número sorteado en la Lotería Nacional del Uruguay, tenía la terminación 03, que también benefició a la ciudad de Florida. El mismo día, la Lotería Nacional Argentina, terminó con el 03 al sortearse el premio mayor.

Los números que daremos a continuación, son los aceptados popularmente en Florida como cábala.

El 3 y 03.

7 y 07: Resultan de la suma de letras de San Cono.

11: El siglo de su nacimiento.

18: La edad que tenía al morir.

26: Número de la calle donde se encuentra su santuario.

511: Número de la capilla.

72: Año de canonización, 1872.

75: Número de manzana en el catastro.

99: Multiplicación de 3 por 33, la edad de Cristo.

Oración a San Cono

"**A**ngel cándido de pureza y serafín de santa caridad, gloriosísimo San Cono, nosotros los humildes devotos vuestros, os damos el afecto más sincero. Celebramos la gloria particular de que gozáis en el cielo, nos alegramos de los especialísimos dones con que os previno, acompañó y consumó la divina gracia, y rendimos las más vivas gracias al Supremo dispensador de todo bien. Que vuestra devoción acreciente a nosotros la imitación de vuestras virtudes milagrosas, especialmente en fe viva, una eficaz esperanza y una llamada caridad hacia nuestro Dios y Señor y su inmaculada Madre María, para que amándolos como vos los amasteis, podamos en el cielo y en compañía vuestra, bendecir y alabar la divina misericordia. Amén.

(Concedemos 50 días de indulgencia por cada vez que fervorosamente se rece esta oración.)

Tres Padrenuestros, Ave María y Gloria.

Joaquín, Obispo de Melo

Cábala uruguaya de San Cono

00- Fe	24- Hacer aguas
01- Esperanza	25- Gallina
02- Caridad	26- Monjas
03- San Cono	27- Chorizos
04- Arte	28- Mudanza
05- Salud	29- Huevos
06- Fortuna	30- Reunión
07- Amor	31- Naranjas
08- Besos	32- Dinero
09- Campaña	33- Cristo
10- Porotos	34- Caballo
11- Ratón	35- Pajarito
12- Policía	36- Pesca
13- San Antonio	37- Sacerdote

14- Borracho

15- Juventud

16- Negocio

17- Desgracia

18- Sangre

19- La risa

20- Higuera

21- La mujer

22- Locos

23- Idiota

48- Muertos

49- Carne

50- Pan

51- Madre

52- Hijos

53- Viejos

54- Negros

55- Música

56- Correr

57- Jorobado

38- Pelea

39- Carne

40- Flores

41- Cuchillo

42- Verdura

43- Vino

44- Cárcel

45- Bandera

46- Mudanza

47- Tumbas

77- Diablo

78- Ramera

79- Ladrón

80- Cuernos

81- Ríos

82- Matrimonio

83- Mal tiempo

84- La Iglesia

85- Escalera

86- Vientre

58- Escuela

59- Víbora

60- Comunión

61- Obispo

62- Gente

63- Casamiento

64- Tomates

65- Sol

66- Señoritas

67- Pozos

68- Sobrinos

69- Doctor

70- Palacios

71- Excremento

72- Sorpresa

73- Hospital

74- Entierro

75- Avión

76- Barcos

87- Piojos

88- Carnaval

89- Ratas

90- Susto

91- Excusado

92- Miedo

93- Enamorado

94- Elefante

95- Chinches

96- Marido

97- Robos

98- Deportes

99- Fin del mundo

Interpretación de los símbolos en el sueño

Los sueños y la idea de un destino cifrado en ellos, ha constituido uno de los enigmas más antiguos de la humanidad. Recién a principios de este siglo, el ya famoso médico vienés, Sigmund Freud, descubrió el mecanismo de su formación, y supo escuchar la importancia particular que un sueño tiene en la vida del soñante. Formado a partir de un detalle ínfimo y que pasa inadvertido durante la vigilia, la secuencia de un sólo sueño, que se vale de los recursos inconscientes de condensación y desplazamiento, puede contener en sí, las claves de toda una vida para quien sabe traducir con palabras las imágenes, a veces insólitas, por las que el sueño se manifiesta.

Mucho antes de que la interpretación de los sueños adquiriera estatus científico, constituyó entre los egipcios una práctica fundamental. Un grupo de sacerdotes, los Jannes, se ocupaban de darle un sentido a los sueños; mientras que otro grupo, los Mambres, comprobaban su veracidad. Todo era registrado y archivado, de manera que sus descubrimientos eran transmitidos de generación en generación. Daban mucha importancia al movimiento de los astros y todo lo que pudiera relacionarse y tener influencia sobre la formación de un sueño.

El Sueño fue considerado por los poetas de la antigüedad, como "Hermano de la Muerte", hijo de la noche y del infierno pagano. Homero le adjudicó a la isla de Lemmos, en el Mar Egeo, donde se encontraba un laberinto muy conocido, el lugar de origen de los sueños. Luciano, por su parte, imaginó una isla habitada por ensueños, donde el rey era el Sueño. Al llegar la noche, los sueños comenzaban a volar, dispersándose por la ciudades, desparramándose por los campos, introduciéndose en los palacios, chozas, e invadiendo a los durmientes con visiones gratas o pesadillas atroces. Para los griegos, la interpretación de los sueños tenía tanta importancia como los oráculos, y cada disciplina tenía el carácter de una institución. Los augures ejercieron en Roma una gran influencia en el destino de sus habitantes. Eurípides, el filósofo, Artemidoro de Daldía, Pico de la Mirándola, entre muchos otros, muestran la importancia que a través del tiempo tuvo la interpretación de los sueños.

Sin embargo —y esto es algo curioso— aún no se sabe con certeza por qué una persona pasa un tercio de su vida durmiendo, y aproximadamente cien mil horas soñando.

La Astrología y los sueños

Ya no nos cabe duda acerca de la influencia de los astros en el comportamiento humano, y de su incidencia en los sueños.

El origen de la Astrología se ubica en Oriente, hace más de un millón de años; mientras que en Occidente, su antigüedad se remonta a cincuenta siglos atrás. Los griegos heredaron este conocimiento de los egipcios, que a su vez lo recibieron de los caldeos. Los griegos lo transmitieron a los romanos, y éstos a las naciones que fueron conquistando, de este modo hasta llegar a la Edad Media, momento en el que se agregan la alquimia y la magia. En aquellas épocas la Astrología era considerada una ciencia oculta y prohibida que podía transformarse en un arma mortal en manos de improvisados, cuyos poderes no eran otorgados más que por la credulidad popular.

La concreción de las profecías astrológicas a través de los siglos, fortaleció la creencia en la influencia de los astros en las personas.

Los astros conforman un Universo inseparable de la existencia del hombre; cada astro determina cualidades, defectos, carencias, empuje, retraimiento, etc., de acuerdo con su influencia positiva o negativa.

Según el lugar y la posición de un astro en relación con los otros en el momento del nacimiento, su incidencia será mayor o menor. La combinatoria de unos con otros es compleja y variable con los años.

Los caldeos determinaron una división formal del espacio, con el fin de que el estudio astrológico tuviera las reglas de una ciencia exacta.

Dividieron el recorrido del Sol en 12 grupos de constelaciones que conforman las 12 casas del cielo. A cada casa se le adjudicó un nombre, y se las representó con un símbolo: Aries, Tauro, Géminis, Cáncer, Leo, Virgo, Libra, Escorpio, Sagitario, Capricornio, Acuario y Piscis. Éstos son también los 12 signos del Zodiaco.

Los rasgos de la conformación del carácter típico de una persona, están determinados por las influencias astrales de cada constelación particular, y varían en su movimiento ascendente o descendente, según que la hora de nacimiento coincida con uno u otro.

Las constelaciones forman figuras geométricas constituidas por los diferentes signos, y se llaman "aspectos". Éstos determinan las influencias de los movimientos de los astros y su distancia.

La carta astral de cada persona está determinada por las complejas influencias que se observan en el momento de nacer.

La Astrología ordena a los seres humanos en diferentes conjuntos: imaginativos, intelectuales, sensitivos, racionales, pasivos y activos. Se suelen agrupar también, según el astro que los rige: jupiterianos, saturninos, uranianos, etc., de acuerdo con el nombre del astro dominante.

Pero una persona, es un conjunto complejo de caracteres impuestos por la confluencia de dos o más astros.

De este modo un sueño está sobredeterminado por el signo del que sueña para que las imágenes se le presenten bajo un aspecto u otro, y en diferentes colores.

Un jupiteriano con rasgos intelectuales y culto, tendrá sueños referidos a asuntos delicados y de buen gusto, prediciendo alegría y bienestar. En cambio, un jupiteriano más ligero, disfruta de placeres culinarios y beneficios materiales. Sus sueños hablarán de fiestas y seducción amorosa.

Para un saturnino de tipo intelectual, los sueños prometerán importantes descubrimientos, aumento en el poder e incremento de riquezas. Para un saturnino más elemental en los sueños mismos, habrá ganancias más modestas.

Si el que sueña está bajo la influencia de ambos astros (Venus y Saturno), los sueños serán diferentes según el astro dominante. Si Júpiter tiene más influencia que Saturno, por ejemplo, tendrá grandes ambiciones. Si es al revés, los sueños de poder se verán realizados en el terreno religioso.

Si está regido por Venus o Júpiter, lo influye con su entusiasmo; las predicciones de dicha que verá en sus sueños las interpretará como triunfos amorosos.

Si una persona regida por Júpiter sueña con monstruos, le resultarán extraordinarios, animales con rostros humanos, cuerpos alados y luminosos. En el extremo opuesto, una persona regida por Saturno, en el mismo sueño verá cosas espantosas y horrendas, aunque no tengan para ella el sentido aterrador que tiene para un jupiteriano. Para un jupiteriano, la aparición de una serpiente en un sueño significa un mal presagio; mientras que para un saturnino, representa una dificultad que no demorará en superar.

Lo que cada uno pueda interpretar de sus sueños es variable, y depende del tipo planetario y del planeta que lo rige.

Para tener una clave actual de los sueños, es interesante apelar no sólo a la ciencia, sino a la experiencia que nos enseña la tradición.

Reglas para la interpretación

*L*a interpretación de los sueños requiere cierta dedicación y seriedad. No es aconsejable tomarla como un simple juego. Es cierto que a algunas personas les resulta interesante para ampliar su campo de conocimientos, y a la vez resulta una compañía agradable por lo entretenida que es su conversación.

Los sueños nos permiten descubrir cuáles son nuestras más profundas preocupaciones, deseos y ambiciones ocultas, y de qué manera influyen sobre nosotros y lo que nos rodea. Podemos encontrar en los sueños los elementos positivos y negativos con los que contamos, para enfrentar las diferentes circunstancias de la vida.

A). Para interpretar un sueño, es necesario considerar la impresión que causaron las imágenes del sueño en el soñante.

A modo de ejemplo: si alguien sueña con un búho (ave fúnebre), significa un anuncio de los funerales a los que deberá asistir. Primero, hay que preguntarle a la persona si el sueño le causó preocupación, tristeza, sensibilidad; si es así, quiere decir que el funeral corresponde a una persona cercana y apreciada. Si por el contrario, no ha sentido ningún tipo de conmoción, significa que no sufrirá ninguna pérdida que lo afecte y que deberá asistir al funeral de alguien lejano. Si reacciona con indiferencia, tal vez quiera decir que se cruzará por la calle con el cortejo de alguien desconocido.

> B). El tiempo de lo que el sueño anuncia que ocurrirá, se calcula de la siguiente manera: si se sueña con un animal, se considera el tiempo necesario para su nacimiento a partir de su concepción.

Si se trata de un búho, el que sueña asistirá a un funeral 22 días después del sueño, ya que 22 son los días que necesita un huevo de búho para su incubación.

De acuerdo con esta regla, si alguien sueña durante época de vendimia, el sueño augura éxito en un negocio de dinero, y llegará durante los meses en que las viñas florecen y maduran.

Si en el sueño aparecen bosques vírgenes, oscuros e inexplorados, representa conflictos y contrariedades en un periodo de tiempo incierto, ya que la etapa de germinación y crecimiento de los árboles es muy lenta.

Debido a que los fenómenos meteorológicos son muy variables, es difícil determinar en el tiempo la amenaza que representa soñar con una tempestad. Si el soñante contempla desde lejos la tempestad, significa que el acontecimiento desagradable ocurrirá en un tiempo remoto.

C). Muchas veces los signos que aparecen en los sueños se deben interpretar por su contrario. Esta regla, aplicada desde la antigüedad, interpreta como de buen augurio los anuncios nefastos durante el sueño, tal como se dice popularmente que "los sueños engañan". Soñar con la muerte quiere decir matrimonio en puerta. Un asesinato significa seguridad; un espejo significa traición.

D). Todo aquello que aparece en el sueño fuera de las leyes naturales: monstruos, seres deformados, órganos o miembro, del cuerpo fuera de lugar, resulta nefasto según las circunstancias. Esta regla se origina en antiguas supersticiones que aún se mantienen. En nuestro tiempo, algunos habitantes de la zona de los Pirineos y de los Alpes, y en algunas tribus de gitanos, se acostumbra a cruzar el dedo índice con el mayor cuando se está frente a un rengo, un manco o un jorobado.

E). Para la suerte es buena la derecha, y la izquierda es mala suerte. Los números impares traen buena suerte, mientras que los impares traen mala suerte. Según los antiguos: "Los Dioses aman el número Impar."

F). Todos los colores tenues, el blanco y el azul, al igual que los sonidos melodiosos, poseen significados favorables. Sin embargo, el color que aparece en un sueño puede alterar el sentido de una premonición.

Soñar con un perro es algo bueno, pero si el perro es blanco anuncia felicidad; si es gris, anuncia desgracias; si es negro, señala un cambio de situación; el color amarillo significa ruina; el rojo se refiere a conflictos y discordia.

Estas reglas permiten dar una idea acerca de las variedades y de la complejidad que presenta la temática de los sueños.

La mayoría de las veces, las escenas de un sueño son incoherentes y disparan una variedad de sentimientos. Las imágenes aparecen deformadas respecto de la realidad, se condensan y desplazan hechos que resultan contradictorios y carentes de lógica. Todo esto ofrece a la interpretación una compleja trama. Esta complejidad se ve aumentada, debido a que no siempre el que sueña tiene un claro recuerdo del sueño. Muchas veces, el sueño es inmediatamente olvidado al despertar. Esto acarrea muchas dificultades y errores en la interpretación; y no es algo remediable, ya el sueño sólo puede interpretarse a partir del relato del soñante. Al estar despierto los sentidos son reacomodados por la conciencia, mientras que durante el sueño, no existe ese control; así la sucesión de escenas se deforma.

El estudio y la interpretación de los sueños es un trabajo complicado, y no debe estudiarse de manera superficial.

La persona que se interese por estos temas, debe tener un alto sentido de la cautela, y deberá recurrir a aquellos métodos que le han resultado infalibles luego de una larga experiencia. En lo posible, es aconsejable no interpretar ningún sueño del que no se tengan todos los datos precisos. Es importante, antes de emitir un juicio, estudiar una a una cada circunstancia con sumo cuidado.

No se puede confiar sólo en la analogía con otros casos presentados para comprender e interpretar un sueño. Otra cosa importante a tener en cuenta, es si el sueño se produjo durante la noche o durante el día, al alba o con la caída del Sol. Es conveniente saber qué alimentos han sido ingeridos por la persona antes de dormir; una comida abundante y pesada trae confusión y desorden a las imágenes del sueño.

Los sueños de los niños son transparentes, no engañan; aunque es difícil tener una idea precisa sobre ellos. Los niños duermen más relajados y tranquilos, por eso las imágenes se les presenta de manera más nítida. Todos los sueños infantiles son verdaderos y de buen augurio.

Los ancianos, por el contrario, duermen poco. Cuando sus sueños no están contaminados por los efectos de alguna enfermedad, también son verdaderos.

Los sueños que provienen de un adormecimiento obtenido al escuchar una música placentera, no son confiables, ya que el soñante está predispuesto a sensaciones agradables.

No es conveniente intentar descifrar todos los sueños, ya que muchos carecen de significado.

Las pesadillas, sueños angustiosos como partirse en dos mitades, descender a un pozo sin salida o volar, contienen en la mayoría de los casos un sentido oculto. El carácter de los sueños, por otra parte, no está desligado de los rasgos característicos del soñante; los sueños de personas con cierto poder, se realizan de manera adecuada a su posición, a su edad y a su condición económica. El triunfo o el fracaso de un potentado es tan relevante, como el poder que ostenta, y le ocurrirán grandes complicaciones o magníficos logros. En cambio, si el sueño es de una persona humilde, los males que puedan amenazarlo o beneficiarlo, serán mínimos. De todos modos estas reglas son relativas, debe considerarse a la persona según los tiempos y su circunstancia.

En muchos casos, los sueños revelan una verdad contraria a nuestros deseos manifiestos. Para amortiguar el efecto, debe procederse con cautela y discreción.

La razón no alcanza para interpretar un sueño; se requiere un espíritu sensible, inspiración, atención lúcida, conocimientos variados y sólidos.

Factores que deben tenerse en cuenta

En la interpretación de un sueño, hay que tomar en consideración el tipo de personalidad del soñante, su estado anímico, sus hábitos y el lugar donde vive. Por ejemplo: una cabeza rapada es un mal signo; pero resulta bueno para un sacerdote, o para quien habita un sitio donde se acostumbra llevar la cabeza rapada.

Los símbolos que aparecen en un sueño involucran, a veces, a familiares del soñante; si se sueña con alguna enfermedad o padecimiento, o una herida en la cabeza, se puede interpretar como un peligro referido al padre de la persona que soñó con eso. Una lastimadura en el pie derecho, significa amenaza para el hermano o hermana; herida en el pie izquierdo, la amenaza recae sobre alguien cercano a la casa. La mano derecha representa a la madre del que sueña, y la mano izquierda a los hijos.

Los símbolos en el sueño deben ser interpretados cuando se presentan imágenes de amigos o de enemigos.

Resulta de buen augurio la presencia de jóvenes y ancianos; soñar con niños muy pequeños, por lo general, anuncia dificultades. Si son bebés alegres y sonrientes, o llorando, el significado cambia.

Soñar con un hombre vestido de blanco es de buen augurio; si viste de negro, anuncia muerte. Mientras que soñar con alguien muerto significa tranquilidad; pero soñar con un enfermo es mal presagio. Si la persona que sueña es una mujer, estos símbolos reciben las mismas interpretaciones.

Los antiguos clasificaron los sueños en siete tipos que aún se mantienen:

El Sueño.

La Visión.

La Revelación.

El Oráculo.

La Alucinación.

La Aparición.

La Pesadilla.

El Sueño: se produce durante el descanso normal.

La Visión: fenómeno que se produce cuando las imágenes con las que se ha soñado, se presentan en estado de vigilia.

La Revelación: enseñanzas que provienen de los profetas.

El Oráculo: advertencia que se escucha con nitidez durante el sueño.

La Alucinación: una fuerte impresión que nos afecta de tal manera, mientras estamos despiertos, que se impone durante el sueño.

La Aparición: visión que ocurre durante la noche, por la que percibimos algo más allá de los sentidos: imágenes de personas lejanas, muertos, etcétera.

La Pesadilla: actúa como un castigo que se recibe sobre el cuerpo y el espíritu. Resulta difícil de interpretar, se origina en algo más físico que mental.

Sueños Determinados: se realizan de manera inexorable, tal como fueron relatados.

Sueños Alegóricos: presentan una especie de acertijo que hay que descifrar, contienen siempre un significado oculto.

Sueños con el Reino Vegetal: los antiguos nigromantes profetizaban mediante esta clase de sueños.

Sueños con el Reino Animal: su causa son las dificultades que se tienen durante el día. Son los más difíciles de interpretar.

Sueños con lo Celestial: se relacionan con la divinidad. Son sueños extraños y poco frecuentes, pero hay que prestarles atención.

Influencia de la luna en los sueños

La luna nueva es el primer día de la luna, si aparece por la mañana. Si aparece en horas de la tarde, el primer día corresponde al siguiente. Cuando sea necesario realizar un cálculo exacto, se debe tener en cuenta que hay meses lunares de 29 días y otros de 30. Si el sueño se tuvo luego de la media noche, se debe tomar la fecha del día siguiente.

Guía de los sueños según la luna

1º día: El sueño no será verdadero.

2º día: Sueños beneficiosos.

3º día: El sueño no tiene valor.

4º día: Sueños dichosos y realizables.

5º día: El sueño no se realizará.

6º día: El sueño de ese día no se debe revelar a nadie.

7º día: Lo que sueñe este día se realizará pronto.

8º día: El sueño se realiza de inmediato.

9º día: Se cumple el mismo día.

10º día: El sueño revelará algo de la realidad.

11º día: Lo soñado se concreta a los cuatro días.

12º día: Lo soñado no se olvidará, ya que ocurrirá lo contrario.

13º día: Lo que sueñe se realizará con dificultades.

14º día: El sueño advierte de un duelo próximo.

15º día: Lo que soñó surtirá efecto a los 30 días.

16º día: En algún momento inesperado el sueño se realiza.

17º día: No hay que contarle el sueño a nadie hasta el   tercer día.

18º día: Lo que se sueñe será peligroso.

19º día: Lo que se sueñe traerá dicha.

20º día: Anunciará peligros que pueden evitarse.

21º día: Lo que se sueñe este día no es para tomar en cuenta.

22º día: Se concretará a corto plazo.

23º día: Anuncia pelea.

24º día: El sueño le abrirá una puerta.

25º día: Se realizará a los 10 días.

26º día: Conviene prestarle atención para no equivocarse.

27º día: Favorecerá su trabajo.

28º día: El sueño anuncia desdichas, no hay que despreciarlo.

29º día: Es un sueño engañoso.

30º día: Se realiza durante la misma mañana del sueño.

La cábala del alfabeto

A= Imputación de males injustos; traiciones. B= Noticias amargas. C= Engaños de hermanos. Mentiras de hermanas. Injusticias de madre. D= Actos despreciables y crueles, con daño físico y emocional. E= Esperanza. F= Sometimiento. Dolor. Falsos razonamientos que lo enredan. G= Órdenes que debe acatar. Mandatos del cielo que debe tener en cuenta. H= Limpieza. Lucidez. Justicia. I= Ataques. Castigos. Astucia. J= Armonía. K= Beneficencia. L= Moderación. M= feria. N= Tendencia a la virtud. Ñ= Ganancias inmediatas. O= Actos de amor. P= Armonía conyugal. Q= Envidia. Mezquindad. R= Empecinamiento. S= Dolor moral. T- Bondades del cielo. U= Catástrofes. V= Vitalidad. Filosofía. W= Salud óptima. X= Sinceridad. Honestidad. Y= Vocación equivocada. Z= Piedad. Vocación divina.

01- El mundo

02- El Sol

03- La luna

04- La estrella

05- Cupido

06- La parca

07- La espada

08- El martillo

09- El turbante

10- El hombre

11- La pinza

12- Botella de vino

13- El vaso

22- El horno

23- La vasija

24- La lombriz

25- El abanico

26- Racimo de uvas

27- El árbol.

28- La llave

29- La parrilla

30- El delfín

31- La canoa

32- La sirena

33- El melón

34- El calamar

14- El palacio

15- La linterna

16- El tambor

17- El perro

18- La canasta

19- La jaula

20- El pie

21- El anillo

43- La campana

44- La flecha

45- El fuelle

46- El compás

47- La torre

48- El cáliz

49- El panadero

50- El caballo

51- La sierra

52- La rueda

53- La bota

54- El leñador

35- El candelero

36- La silla

37- El chacarero

38- Los dados

39- La tijera

40- El león

41- La tina

42- El libro

72- El pescado

73- El puente

74- El pavo real

75- La fuente

76- La lechuza

77- El florero

78- El retrato

79- La lanza

80- El zapato

81- El violín

82- El órgano

83- La oca

55- El corazón

56- El barril

57- La serpiente

58- El hacha

59- La cebolla

60- El barrilete

61- Los antojos

62- El escorpión

63- La escoba

64- El esclavo

65- El águila

66- Las flores

67- El papagayo

68- El gallo

69- La balanza

70- Corona real

71- El cerdo

84- El ciprés

85- El conejo

86- El toro

87- El ratón

88- El sacerdote

89- El balde

90- La góndola

91- El elefante

92- El camello

93- La vaca

94- El pájaro

95- El gato

96- La ballena

97- El manto

98- La lagartija

99- El tigre

100- La mano

En la primera columna se encuentra el número con el que se soñó, en la segunda está el número que se debe jugar.

00-26	20-98
01-17	21-17
02-36	22-96
03-16	23-99
04-30	24-98
05-21	25-37
06-33	26-42
07-17	27-52
08-36	28-27
09-17	29-94

10-20	30-19
11-16	31-22
12-94	32-21
13-92	33-58
14-22	34-71
15-23	35-80
16-95	36-64
17-32	37-53
18-22	38-60
19-27	39-71
40-82	70-67
41-61	71-04
42-92	72-09
43-65	73-62
44-70	74-03
45-36	75-67
46-21	76-48
47-73	77-76
48-63	78-55
49-47	79-75

50-02	80-08
51-78	81-77
52-78	82-05
53-51	83-28
54-13	84-63
55-38	85-00
56-30	86-57
57-06	87-07
58-35	88-37
59-56	89-47
60-88	90-43
61-40	91-64
62-85	92-33
63-86	93-23
64-29	94-18
65-11	95-14
66-61	96-91
67-89	97-72
68-01	98-83
69-31	99-15

Las plantas
y su número cabalístico

(**L**otería: cifra completa. Quinielas: las dos últimas.)

A

Abeto: Elevación, 22517.

Acacia: Prestancia, 13155.

Aceitunas: Tranquilidad, 07465.

Achicoria: Amargura,10562.

Adelfa: Terminó el amor, 0142.

Agua mil flores: Diversidad, 14818.

Ajenjo: Tristeza, 0115.

Alamo: Gemido, 20773.

Albahaca: Frágil esperanza, 13484.

Alhelí: Lealtad, 11856.

Alerce: Valentía, 05375.

Alfalfa: Salud, 22956.

Algodón: Ocasión, 17253.

Alhucema: Dudas, 01204.

Almendro: Pensarlo bien, 1174.

Almizcle: Rechazo, 12571.

Áloe: Desgracia, 10333.

Alverjilla: Placer, 15512.

Amapola: Consuelo, 16308.

Amaranto: Larga vida, 003312.

Ambrosía: Coquetería, 08990.

Anémona: Constancia, 04943.

Angélica: Desprecio, 15010.

Anís: Reconocimiento, 01313.

Apio: Remedio, 08121.

Árbol de pascua: Alegría, 17206.

Avellano: Reconciliación, 11052.

Azafrán: Buen gusto, 21701.

Azahar: Castidad, 22229.

Azahar: Mensaje, 09049.

Azucena: Irresolución, 19112.

B

Bálsamo: Amor, 06940.

Banana: Rapidez, 01530.

Barba de toro: Crítica, 22914.

Belladona: Impaciencia, 0852.

Bellota: Defecto, 17351.

Berenjena blanca: Disfraz, 22983.

Berenjena roja: Sorpresa, 9017.

Borraja: Humildad, 01485.

Botón de oro: Atracción, 19162.

Botón de plata: Bondad, 01430.

Botón rojo: Amor violento, 20556.

Breso: Abandono, 19024.

Buenas noches: Recato, 08959.

C

Cacao: Arrogancia, 20146.

Café: Alivio, 19706.

Cala: Falsedad, 17439.

Caledonia: Primer encuentro, 02010.

Caléndula: Aflicciones, 14931.

Camelia: Cautela, 018854.

Campanillas: Llamado, 01436.

Campanilla roja: Recuerdos tormentosos, 01093.

Canela: Gusto en conocerla, 11825.

Capuchina: Desacuerdos, 01746.

Cardamomo: Mi amada, 12389.

Cardo: Situación difícil, 14209.

Cardo Santo: Moderación, 20028.

Castaña: Paseo, 09553.

Castaña de la India: Exceso, 06534.

Cedro: Fortaleza, 21170.

Cedrón: Confianza, 03274.

Cerezo silvestre: Firmeza, 21170.

Césped: Cuidados amorosos, 14050.

Cicuta: Muerte, 03898.

Cidra: Desengaño, 03729.

Ciprés: Velorio, 03872.

Ciruelo: Liberación, 1324.

Clavel blanco: Genio, pureza, 16456.

Clavel de la India: Aversión, 22951.

Clavel del aire: Libertad, 10883.

Clavel rosa: Romance, 05152.

Clavelina blanca: Conquista, 01601.

Clavelina doble: Viaje, 15235.

Clavo de olor: Proyecto truncado, 21922.

G

Geranio: Mentalidad pobre, 08419.

Geringuilla: Cariño fraterno, 07429.

Girasol: Encantamiento, 12983.

Globa: Delicadeza, 03635.

Grama del amor: Amor pasajero, 20197.

Granada: Presunción, 03733.

Guindas: Buenos modales, 13025.

Guirnalda de flores: Amor encadenado, 06790.

H

Haya: Vitalidad, 06791.

Heliotropo: Modestia, 14621.

Hepática: Alivio, 12221.

Hiedra: Amistad errada, 06831.

Higos negros: Entusiasmo, 13039.

Higos verdes: Desagrado, 03637.

Hinojo: Locura pasajera, 03638.

Hoja de ciprés: Divorcio, 30104.

Hoja de higuera: Negativa, 10068.

Hojas de rosal: Acuerdo, 12976.

Hojas marchitas: Desperfecto, 13040.

Hojas secas: Pesadumbre, 13040.

Hongos: Dudas, 09879.

Hortensia: Desapego, 13004.

I

Incienso: Pedido, 17166.

Iris: Revelación, 19704.

J

Jacinto: Pena, 14210.

Jazmín amarillo: Envidia, 02912.

Jazmín chileno: Cordialidad, 22058.

Jazmín de la cuenca: Ostentación, 13252.

Jazmín del país: Hospitalidad, 09634.

Jazmín diamela: Arrebato pasional, 18043.

Junco: Fragilidad, 13973.

Junco de lirio: Ocultamiento, 12574.

Junco de la India: Melodía, 20148.

Junquillo del campo: Romance, 03734.

L

Laurel: Esplendor, 18044.

Laurel de rosa: Delicadeza, 18527.

Lechuga: Indiferencia, 13041.

Lengua de buey: Engaño, 16837.

Lilas: Esplendor, 091163.

Lima: Rigor injusto, 19702.

Limón: Sadismo, 18042.

Limón dulce: Labios en flor, 10087.

Lirio azul: Celos, 17115.

Lirio blanco: Liviandad, 16103.

Lirio del valle: Regresa la dicha, 03639.

Lirio rojo: Límite de paciencia, 04755.

LL

Llantén: Astucia, 24401.

Llantén: Esperanza, 200141.

M

Madreselva: Unión inseparable, 2542.

Magnolia: Armonía, 22874.

Maíz: Abundancia, 20142.

Malva: Deleite, 13042.

Malva real: Humanismo, 13350.

Malvavisco: Fin de amores, 03499.

Manzana: Falsas promesas, 16256.

Manzanilla: Alivio, 12978.

Maravilla: Escasez de amores, 09072.

Marimoña: Belleza eterna, 09629.

Margarita: Indecisión, 11215.

Margarita doble: Deseos compartidos, 06943.

Melón oloroso: Amor mutuo, 03326.

Membrillo: Adolescencia, 14565.

Menta: Virtud, 13044.

Mirto: Belleza, 12979.

Mirra: Conocimiento, 18046.

Mosqueta: Persuasión, 09696.

Musgo: Cariño materno, 10082.

N

Nardo: Deleite, 12233.

Naranja amarga: Desafío, 12854.

Naranja de toronja: Cuídenme, 09477.

Naranja dulce: Dadivosidad, 14206.

Narciso: Orgullo, 09464.

O

Olivo: Quietud, 17826.

Oltropio: Amor desenfrenado, 08582.

Ombú: Descanso, 37107.

Opuntia: Ilusión, 11855.

Ortiga: Daño, 096999.

P

Palmera: Delirio, 13047.

Paraguas: Espera, 05237.

Paraíso: Distracción, 20574.

Parasol: Beneficencia, 05202.

Peperomia: Honradez, 17828.

Piles plateada: Lujuria, 20575.

Piña: Dureza, 09478.

Prímula: Exuberancia, 171300.

R

Ramillete: Conquista, 10084.

Rebutia: Injusticia, 14624.

Rosa abierta: Embarazo, 18358.

Rosa amarilla: Trampa, 20576.

Rosa blanca: Pureza, 14204.

Rosa cerrada: Virginidad, 17992.

Rosa capuchina: Luminosidad, 09672.

Rosa carmín: Inteligencia, 13045.

Rosa de la India: Sencillez, 21141.

Rosa despinada: Desistir, 05198.

Rosa doble: Belleza renovada, 09065.

Rosa marchita: Virginidad conservada, 10081.

Rosa rococó: Finura, 20572.

Rosa seca: Nostalgia, 03844.

Rosa velluda: Complot, 06502.

S

Salvia: Aprecio, 20573.

Sardonia: Burla, 11548.

Sauce: Vejez vivaz, 12856.

Sauce llorón: Olvida, 09995.

Sensitiva: Vergüenza, 13049.

Siempreviva: Perseverancia, 22352.

T

Tomate: Arpar, 10085.

Toronjil: Nostalgia, 18359.

Trébol: Buena suerte, 09402.

Trigo: Abundancia, 09674.

Trinitaria: Inseguridad, 13050.

Tulipán: Amor en puerta, 12587.

U

Uvas: Caída, 9679.

V

Vainilla: Benefactor, 13051.

Vara de San José: Me gustas, 0789.

Violeta: Incomodidad, 06503.

Violeta doble: Camaradería, 14211.

Violeta sola: Soltería, 11754.

Viuda blanca: Franqueza, 11793.

Viuda rosa: Fraternidad, 13052.

Y

Yambos: La oportunidad, 13778.

Yerba: Cariño recíproco, 09668.

Yerbabuena: Vitalidad, 12003.

Yerba de Santa María: Pureza, 13923.

Yerba doncella: Pubertad, 10079.

Yuca: Orgullo, 22479.

Z

Zarza: Mal de ojo, 08248.

Zarzaparrilla: Amor malvado, 05160.

Diccionario cabalístico

Este diccionario remite a la más antigua tradición popular en el lenguaje cabalístico de los sueños. Para jugar a la lotería, se utiliza la cifra entera; para la quiniela, las dos últimas.

A

Abadesa: Rezando, buen augurio, **2535**. Disciplinada, traición, 3381.

Abadía: Consuelo, 33811.

Abanderado: Muerto en acción, heroísmo, 3498. Escondido, amenaza, 2759. Avanzando, ganancia, 1095.

Abandono: El que cede terreno, malas influencias, 02190. El que deja su casa, ganancias, 02189. Abandonado por los poderosos, fortuna, 02265. Abandonar al marido, libertad, 0481.

Abanico: Portarlo, perfidia, 150. Encontrarlo, vanidad, 0676. Extraviarlo, conflicto con vecinos, 0792.

Abejas: Dinero,1081. Picadura, traición de amigo, 1140. Matarlas, pérdidas, 01039. Trabajando, dignidad, 01471. Dentro de la casa, peligro, 0162.

Abismo: Ataque de pánico, 16210. Hundirse allí, amenaza de locura, 0522.

Ablandar: Algo muy duro, riqueza cercana, 35492.

Ablución: De cualquier clase, sucesos felices, 02395.

Abogado: Encontrarse casualmente con uno, desgracia, 02689. Entablar charla, desastre, 0362.

Abordaje: Hallazgo, 04127.

Aborto: Amenaza criminal, 05510.

Abrazar: A parientes, traición, 10763. A un amigo, desengaño, 1157. A desconocidos, huida, 01023. A una dama, prosperidad, 0139.

Abrigo: Para resguardarse de lluvia, secreto inviolable, 02583. En tormenta, presentimientos nefastos, 07432. Hallar uno, miseria, 0377.

Acacia: Toparse con una, buena suerte, 0572. Percibir el aroma de la flor, perfidia, 0591.

Academia: De ilustrados, tedio, 11906. De juegos, tentaciones prohibidas, 09371.

Aceite: Si se cae, perjuicios, 09362. Si cae sobre la persona, beneficio, 11942.

Aceitunas: Concordia y amistad, 10029.

Acero: Quebrarlo, triunfo próximo, 13065. Portar un trozo, preservado de daño,13468.

Acolchado: De raso, un enemigo nos perjudica, 25034. De lana, prosperidad, 1033.

Acoplado: Signo de salud, 25992.

Acordeón: Sin estrenar, enfermedad posible, 3190. Usado, alguien nos ama, 1225.

Acostarse: Con persona de sexo contrario, contrariedades, 0183. Con persona del mismo sexo, obstáculos, 0136. Con un hombre sucio, enfermedad, 08714. Con uno limpio, chasco, 05755. Con una mujer sucia, muerte, 01195. Con una limpia, traición, 10799. Con su esposa lejos, desgracia, 08768. Con su madre, seguridad en los negocios, 0452. Con su hija, impotencia, 01005. Con una prostituta, fortuna, 03922.

Acreedor: Negocios fructíferos llenos de inquietud, 0361.

Acróstico: Querer reformarlo, trae problemas insuperables, 09327.

Acta: Levantar un acta, mala señal, 10076.

Actriz: Verla en escena, chasco, 02891. Hablarle, perfidia, 01334. Seducirla, placer fácil, 0279. Enamorase de ella, sufrimiento, 03536.

Acusación: Ante un tribunal, desgracias, 03528. Acusación de mujer, mala noticia, 038780. De un hombre, buena noticia, 02169.

Acusador: Estar presente cuando acusa con razón o equivocado, ser cauteloso, 9344.

Adiós: Decir esta palabra o escucharla, o cualquier palabra semejante, mal presagio.

Administración: Soñar que forma parte de alguna, aviso de pobreza, 5081. Si la deja, mejora su posición, 12264.

Adopción: De recién nacidos, alegrías y tranquilidad, 06701.

Adulterio: Mientras duerme, deshonra, 10802.

Afeitar: Observar a otro afeitarse o afeitarlo, enfermedad, 3328. Afeitar las axilas a una mujer, pelea, 3329. Los bigotes de uno, franqueza, 32280.

Afición: Padecerla, avaricia, 2177. Sentirla por otro, benevolencia, 12398.

Afrenta: Recibida, suerte, 2771. A otra persona, peligro, 13064.

Agonía: Soñar que uno agoniza, buena salud, 03765. Pariente agonizando, 01987. Ver una mujer agonizante, pérdida de herencia, 11696.

Agua: Tranquila y transparente, buen presagio, 02772. Agitada y turbia, malas noticias, 1001. Caerse al agua, peligro de accidente, 01503. Agua caliente, curación, 03219. Beber agua fresca, prosperidad, 09345. Mojarse los pies, acontecimiento importante, 08760.

Aguardiente: Placeres prohibidos, 01061.

Aguarrás: Verlo correr, suerte, 1298.

Aguda: Volando muy alto, buen presagio, 01874. Cae sobre su cabeza, dinero difícil, 0806.

Agujas: Rumores y habladurías, 03271.

Agujero: Si está vacío, bajezas, 25890. Con agujas partidas, alegría, 03292.

Ahogado: Suerte con dinero, 02452.

Ahorcado: Se pierden bienes por desavenencias, 01664.

Aire: Fresco, dicha, 01018. Húmedo, disgustos, 05071.

Ajo: Estar delante de quien lo come, peleas o confesión de secreto, 10075.

Albahaca: En flor, placeres, 3296. Seca, mal augurio, 4529.

Albergue: Pasar, 8703.

Almacén: Entrando, malos negocios, 8493.

Almanaque: Previene peligros, 02459.

Almendras: Peladas, trae problemas, 1068.

Almorzar: Solo, reclusión, 03100. Acompañado, expansión, 04890.

Altar: Estar frente a él, alegría, 11842. Construirlo, paz de espíritu, 02451.

Amansar: Cualquier animal, amor feliz, 1393.

Amasar: Cualquier cosa, porvenir beneficioso, 2582.

Amigos: Reunión de jóvenes, 01065. Festejar con jóvenes, ruptura cercana, 09267.

Amor: Sometido a él, sufrimiento, 02427. Indiferencia, éxito, 91280. Conquistar a una jovencita, prosperidad, 08983. A una belleza, corta felicidad, 10878. A una anciana, tribulaciones, 3701.

Amputación: De una mano, 03488. De una pierna, 03707.

Anchoas: Fortuna, 1320.

Anciano: Grandes logros, 03144.

Ancla: Mientras se levanta, futura felicidad, 2598. Mientras se hunde, incertidumbre, 2597.

Andar: Rápido, contratiempos, 0359. Para atrás, pérdidas, 01130. Sobre piedras, sufrimiento, 02174. Con muletas, pobreza, 0164.

Andrajos: Verlos, vergüenza, 10747.

Ángel: Buenas noticias, 09347.

Animales: Darles de comer, fortuna, 06661.

Anís: Percibir su aroma, buen signo, 1029.

Anotar: Cualquier cosa, un hombre te ama, 2493.

Antepasados: Recordarlos, prolonga la vida, 2046. Verlos, conflicto familiar, 01069. Hablarles, suerte, 10705.

Antojos: Melancolía, 10011. Satisfacerlos, buena nueva, 2393.

Apetito: Se van parientes, 04864.

Apuesta: Apuro, 01617.

Arado: En dirección al que sueña, 04880. En dirección contraria, 02414.

Araña: Si la ve, será traicionado, 09974. Si la mata, náuseas, 01382.

Árbol: Copa ancha, protección, 02336. Seco, herencia, 10008. Arrancar frutos de árbol viejo, desgracia, 04992.

Arco iris: Verlo desde el Este, 01620. Desde Occidente, 9086. Sobre la cabeza, 1432.

Arder: Cualquier elemento, negocios fructíferos, 13821.

Armas: Cortantes, peleas, 02261. De fuego, fatigas, 01491.

Arroz: Abundancia, 12110.

Artificiales (fuegos): Placeres vanos, 01079.

Artistas: Placeres efímeros, 08790.

Arzobispo: Anuncia muerte, 09360.

Asado: Crudo, malos sueños, 2513. Grasoso, pesadillas, 1243. A la parrilla, peligro de pérdidas materiales.

Asno: Corriendo, 02226. Detenerlo, 1507. Rebuznando, desaires, 12241.

Audiencia: De un virtuoso, beneficios, 2296. De un magnate, luto, 05214.

Aurora: Virtudes, 03163.

Ausente: Aparición en el sueño, buena señal, 01108.

Automóvil: Detenido, peligro en los negocios, 35299. A toda velocidad, fortuna, 01394.

Autopsia: Estar presente, 0358. Practicarla, 03057.

Autor: Estar con ellos, pérdida de dinero, 05039.

Autoridad: Que ejerce, engaño de pariente, 2323.

Avellanas: Dificultades, 02352.

Avispas: Ser picado, mala suerte, 01043.

Ayuno: Gastos innecesarios, 09495.

Azotar: A otro, tranquilidad, 07787. Al amante, 04970. A un animal, 9080.

Azúcar: Blanca, amores afortunados, 2497. Negra, amores desdichados, 2872.

Azufre: Aviso de venganza, 2508.

B

Baba: De la boca, pérdidas monetarias, 2591. Del diablo, trabajo seguro, 2093.

Babucha: Puestas, noviazgo cercano, 2533. Verlas, suerte vaga, 13133.

Bagre: Muerto, 4590. Comerlo, 4592.

Baile: Alegría y dinero, 05035.

Balas: Ver un puñado, miseria, 02130.

Balanzas: Pleitos familiares, 09436.

Balcón: Asenso provisorio, 02163.

Balde: Saliendo de un pozo, 3024.

Baldosa: Blanca, 2543. Negra, 1391.

Balneario: Estar al Sol, suerte, 04293. Irse, enfermedad, 01532.

Balsa: Hundiéndose, mal presagio, 4298. Navegando, el trabajo marcha bien, 4295.

Banco: Falsa promesa, 03188.

Banana: Verde, engaño de amigo, 3549. Madura, cuidado con los parientes, 3550.

Banda: Musical, buena suerte, 4452. De ladrones, riqueza, 4092.

Bandeja: De plata, 23583. De lata, 5285. De frutas, lujuria, 4225.

Bandera: Anuncia paz, 01074.

Bandidos: Atacándolo, confiar en lo que se tiene, 05081. Perseguirlos, accidente, 06793. Si los ves en acción, 18178.

Banquete: Placer costoso hay que evitarlo, 09440.

Bañadera: Vacía, salud precaria, 02537.

Baño: En agua templada, buena salud, 03619. En agua contaminada, enfermedad de pariente, 01350.

Baqueano: Sus negocios andan bien, 25193.

Baranda: De hierro, amores firmes, 4235. De madera, traición de amiga, 7007.

Baratillo: Entrar, suerte, 4236.

Barba: Barba larga, larga vida, 0773. Cortarla, pérdida, 03592. Barba rubia, 3499. Canosa, 3497.

Barca: Navegando, buenos negocios, 4383. Naufragando, peligros en el amor, 9092.

Barrendero: Verlo, peligro en la fortuna, 9198.

Barrer: Su habitación, dicha, 01071. Una bodega, mala suerte, 10009.

Barrera: Ser detenido viajando, 8922.

Bastón: Ayudarse con uno, 4243.

Basura: Deshonra, 11012.

Batalla: Ganada, 09307. Perdida, 0779.

Batirse: Con un perro, desgracia, 11519. Con un gato, traición, 08792. Con serpiente, éxito, 05133.

Bendición: Otorgarla, aflicción pasajera, 8011. Recibirla, alegría, 4037.

Besar: La tierra, denigración, 8040. Manos de mujer, fortuna, 07862.

Bien: Hacerle bien a otro, desgaste, 02775.

Boca: Grande, riqueza, 1466. Chica, pobreza, 4062.

Boda: Entierro, 02764.

Bofetada: Dar una, unión matrimonial, 09075. Recibir una, conflictos, 0885.

Bolsa: Llena, avaricia, 14400. Vacía, ganancias, 13888. Si se queda tirado, desgracias, 12630.

C

Café: Adicciones, 02630.

Caja: Distinción, 1414.

Calabaza: Ilusiones vanas, 2172.

Calabozo: Entrar, salud, 01626. Permanecer, consuelo, 09356. Salir, amenazas, 19834.

Calzado: Buen zapato, honores y progreso, 09427.

Calzones: Relajación y confianza, 01561.

Camisa: Rota, fortuna, 10788.

Canario: Viaje largo, 02181.

Candelabro: con velas entretenimiento, 3301. Sin velas, desgracia, 13104.

Cantar: Si es hombre el que canta, padecimientos, 194213. Si es mujer, alegría, 21237.

Canto: De las aves, amores, 02413.

Capilla: De iglesia, tranquilidad, 5472. Con un preso, anuncio de muerte, 8643.

Capuchino: Reconciliación, 2685.

Cara: Sonriente, dicha, 01622. Vieja sonriendo, malas noticias.

Carbones: Ardiendo, 17502. Apagados, muerte de vecinos, 14713.

Caridad: Practicarla, dicha, 02755. Recibirla, desgracia, 01606.

Carne: Verla, se cometió traición, 10053. Herida y descompuesta, riquezas, 14714.

Cartas: Enviarlas y recibirlas, larga amistad, 05058.

Casa: Poseer una, seguridad, 04848. Ardiendo, se pierden bienes, 0250. Ver construirla, enfermedad y muerte, 01026.

Casamiento: Fortuna efímera, 19379. Con soltera, honra, 04956. Con viuda, perjurio, 1292.

Castillo: Encontrarse dentro de uno, larga fortuna, 18427.

Cebollas: Comerlas de día, peleas domésticas, 09109.

Cementerio: Prosperidad, 08964.

Ceniza: Luto inminente, 1008.

Cepillo: Trabajo arduo y provechoso, 04263.

Cerradura: Asalto a la casa, 02810.

Chimenea: Ardiendo, felicidad, 04337.

Chocolate: Tibio o frío, satisfacción, 22409.

Cicatriz: Abierta, buenaventura, 04428. Cerrada, desagradecido, 02514.

Ciego: Verse ciego, pérdida irreparable, 13287. Cruzarse con uno, delito próximo, 11653.

Cielo: Despejado, casamiento dichoso, 05244. Rojizo, aumento de riquezas, 02338.

Cigarro: Fumándolo, triunfos, 19380. Para el que lo apaga, desgracia, 15337. Suerte para el que lo enciende, 119951.

Clavos: Buena fama, 16604.

Cofre: Repleto, cuidar intereses, 02217. Vacío, trae dinero, 27700.

Cola: De vaca, abandono, 1631. De caballo, ayuda de amigos, 2296. De zorro, ofensa, 18197.

Cólera: Final feliz, 09184.

Colegio: Buen futuro, 06511.

Cólico: Desgracias hogareñas, 02460.

Coliflor: Gloria en la miseria, 4199.

Combate: Participando de uno, 01648.

Cometa: Verlo, peligros, 2380. Cayendo, pobreza, 1509.

Comida: Muy salada, enamoramiento, 01006. Dulce, realización, 04400.

Compras: De cualquier cosa, derroche, 06548.

Conejos: Logro fructífero, 02171.

Corazón: Compungido, enfermedad de cuidado, 02760. Herido, pena para la mujer, 04230.

Corona: De oro en la cabeza, presagia honores. De plata, buena salud, 19476. De huesos, muerte cercana, 01199.

Correr: Buenas noticias, 20399. Correr desnudo, perfidia, 23103. Detrás del enemigo, triunfo, 02623. Mujer que corre, anuncia flaqueza, 04718. Correr sin avanzar, indisposiciones, 4131.

Costillas: Partidas, peleas conyugales, 22507.

Cotorra: Indiscreción, 19602.

Criada: Celos, envidia, 23545.

Criminal: Peligros mortales, 18811.

Cruz: Dicha para el que la carga y afecciones molestas, 02373.

Cuadro: Colorido, desgracia en el amor, 6512. Oscuro, infidelidad de la pareja, 05240.

Cuchillo: Perfecta salud, 01197.

Cuernos: En la cabeza, dominación, 04331. En la cabeza de otro, peligro, 03024.

Cuerpo: Erguido, felicidad, 19302. Caído, mudanza, 18604. Desnudo, castigo injusto, 02500.

Cuna: Fecundidad y riqueza, 03104.

D

Dado: Dinero extraviado, 19376.

Damas: Juego, peleas con amigos, 04752.

Danza: Amistad incondicional, 02981.

Dedo: Cortado, venganza, 04295. Quemado, envidia, 19154. Más de cinco, alianza, 19381.

Diablo: Noticia peligrosa, 05501. Pelear con él, daño irreparable, 5002.

Dibujo: Fraternidad, 01378.

Diente: Caídos, pérdida de parientes, 01881.

Dinero: Encontrarlo, pérdidas, 12169. Perderlo, ganancia, 08566. Verlo y no tomarlo, mayor beneficio, 04238.

Disputa: Entre mujeres, mudanzas, 16200. Entre hombres, estancamiento, 1340.

Domingo: Lo que se sueñe este día no tendrá valor, 05288.

Doncella: Impotencia, 02727.

Dulces: Falsa felicidad, 04317.

E

Ebrio: El que se sueña ebrio: salud y dinero, 21101. Ebrio sin beber, fatalidad, 20299. Ebrio y vomitar, grandes pérdidas amorosas, 06490.

Ejército: Triunfante, buen pronóstico, 09300. Vencido, malo, 08762.

Embarazo: Proyectos que se realizan, 04390.

Entierro: Ser enterrado vivo, miseria prolongada, 02507. Acompañar a un muerto al cementerio, larga unión,05280.

Escalera: Subirlas, uniones satisfactorias, 01613. Bajarlas, sufrimientos, 02163.

Escarola: Salada, disgusto, 55334.

Escorpión: Tristezas, 5386.

Escribir: Una carta, novedades, 05173. Un memorial, venganza, 06517.

Espada: Traición, 02126.

Espalda: Fracturada, traición de amigos, 02126. Si es herida, fortuna, 09321. Hinchadas, riqueza, 15383.

Espectro: Considerables daños, 05375.

Espejo: Venganza, 05171.

Espinas: Peleas entre vecinas, 17071.

Esqueleto: Regreso de pariente, 05358.

Estanque: Agua limpia, amistad, 012488. Turbia, engaños, 01534. Con peces, abundancia, 01425.

Estatua: De mujer, corazón lastimado, 03166. De hombre, alegría, 4302. En movimiento, agitación de espíritu,1096. Si habla, escucha sus consejos, 4345.

Estilete: Noticias de lejanos, 05320.

Estornudo: Vida larga y saludable, 15400.

Estrangular: Triunfo sobre los enemigos, 1548.

Estrellas: Logros importantes, 03228. Pálidas, penurias, 19383. Cayendo del cielo, deseo que se realiza, 20161.

Estribos: De plata, viaje largo, 08607. De cuero, deshonestidad, 07086.

F

Familia: Placeres y disgustos, 4031.

Fantasma: Si es blanco, honores, 10435. Negro, dolor y esfuerzo, 13786.

Féretro: Indica que hay que modificar la conducta, 03068.

Fiesta: Perjuicio breve para quien la ofrece, 05591. Alegría breve para quien asiste, 15395.

Flores: Blancas, obstáculos para sus proyectos, 19441. Amarillas, malogra negocios, 06624. Encarnadas, confianza, 7967. Darlas, provecho, 08001. Recibirlas, amor, 015318.

Frutos: Cualquier fruto anuncia beneficios si está a punto, 01560. Pasados, disgustos, 02776.

Fuego: Peligro de violencia, 06475. Encendido, pasan los peligros, 05319. Apagado, miseria, 01258. Mujer encendiéndolo, hijos sanos, 21859. Dificultad para encenderlo, vergüenza, 19286. Quemarse, fiebre, 04347.

Fusil: Enojo violento, 06626.

Fusilar: Presenciar un fusilamiento, escándalo, 08211.

G

Galopar: En un caballo negro, terminar relación, 10000. En uno blanco, comenzar relación, 02888.

Gallina: Cacareando, disgustos, 01435. Ponedora, beneficio, 03892. Con pollitos, pérdida, 01727.

Gallo: Cantando, buena noticia, 01261. Riñas, apuestas con pérdida, 03303.

Ganancia: Legal, hacer negocio, 02320.

Garganta: Amigos que se alejan, 21151.

Gato: Traición familiar, 01384. Dormido, proyectos a medias, 02453. Enfurecido, robo, 06516.

Globo: Proyectos irrealizables, 04430.

Goces: Quien sueña con dicha, sufre, 02150.

Golondrina: Buen augurio, 01256.

Gordura: Lujuria y dinero, 02412.

Gorra: Puesta, prudencia con amantes, 03036. Sacársela, descubre secreto, 15379. Aceptar una de regalo, ligazón afectiva, 07854.

Granada: Madura, riqueza cerca, 01.543. Verde, padecimientos, 02497.

Granizo: Desgracias, 0.5169.

Granja: El que la ve, confianza, 06478. El que entra, buen presagio, 04349. El que la cuida, prosperidad, 03064.

Guantes: En una sola mano, felicidad, 11514.

Guardia: Recurrir, buen ánimo, 11514. Buena señal si lo detienen, 01368.

Guisado: De cualquier cosa, indigestión, 15324.

Guisante: Comerlo sin masticar, futura dicha, 19344.

Guitarra: Protección de amor para quien la ejecuta, 19620.

Gusano: Enemigos peligrosos, 05321.

H

Habas: Peleas, desavenencias, 05321.

Hacha: Mal presagio, peligro doméstico, 08664.

Hadas: Seducción de mujer, 02477.

Halcón: Encuentro inesperado, 01196.

Hambre: Padecerla, emprendimientos exitosos, 06473.

Harapos: Verse con ellos, 02999. Ver a otro vestido con harapos, 31011.

Harina: Muerte en el barrio, 19383.

Herida: Por espada, logro, 039535. Por desconocido, penas, 28867. Por lobo, traición, 28867. Curarla, favores que retornan, 08929. Herir a otro, resentimiento injusto, 09210.

Hermano: Enfrentamientos, 02386.

Hielo: Durante el invierno, 03139. En verano, 17623.

Hierro: Señal fatal, 15028. Candente, herida mortal, 02341.

Hierro viejo: Mucho ruido y pocas nueces, 01367.

Higos: En verano, buena fortuna, 19247. Fuera de estación, desdichas, 02363. Comerlos, despilfarro de dinero, 14717. Secos, peligra su capital, 03169.

Hilo: Fino de coser, pobreza, 14801.

Hoguera: Fallas irreparables, 02193.

Hojas: Mal pronóstico, 04700.

Hombre: De blanco, buen augurio, 04704. De negro, desdichas, 16201. Asesinado, dinero seguro, 15580. Armado, decepciones, 02233.

Homicidio: Peligro para amigos, 14721.

Horca: Logros inmediatos, 03007.

Hormigas: Trabajo laborioso, 04404.

Hospital: Miseria, 03073.

Huevos: Blancos, buena noticia, 03333. Rotos, importante cambio, 01300. Podridos, llegan malos amigos, 01244.

Humareda: Ostentación peligrosa, 20306.

I

Iglesia: Noticia de enfermedad, 2300. Verla construir, buen futuro, 16169. Dentro de ella, regocijo, 14998.

Iluminación: Meses de esplendor, 14780. Apagándose, lamentos y llanto, 03166.

Imagen: Cualquier imagen coloreada es falaz, 03005. Animada, peligro, 04398.

Incendio: Terminan relaciones, 05188.

Indigestión: Malos pensamientos, 02215.

Inhumación: Miseria y luto, 14578.

Inquietud: Padecerla, buen pronóstico, 12169. Provocarla, anuncia peligro, 01298.

Insolencia: Causante de una, desdicha, 13167. Víctima de una insolencia, callarse, 02238.

Instrumento: Musical, consuelo, 10378. Quirúrgico, alivio de malestares, 19387.

Inundación: Males alargo plazo, 11927.

J

Jarabe: Dulce, enfermedad, 01102. Medicamento, satisfacciones, 01104.

Jabón: Negocios sucios, 11968.

Jardín: Aumento de ingresos, 11968.

Jaula: Vacía, encierro, 04394. Con ave, libertad, 12128.

Jinete: Cayendo del caballo, perjuicio, 02737.

Joyas: El que las tiene que las conserve, 01041.

Juego: Amigos se alejan, 03055. Perder, cambio favorable, 12900.

Juez: Traición de hermana, 04316.

Juguetes: Aconseja no perjudicar a otros, 01586.

L

Labios: Enrojecidos, salud buena, 01414. Rosados, quebranto, 02280.

Labrador: Prosperidad, 05358.

Ladrar: Queja sin daño, 12144.

Ladrón: Buen augurio para su empresa, 08609.

Lámpara: Encendida, pasión y dolor, 18559. Apagada, vejez prematura, 08609.

Langosta: Devastación en la casa, 01471.

Látigo: Usarlo, desazones,18763.

Laurel: Éxito para los hombres, 18986. Marido para las viudas, 02189.

Leche: Amistad con mujeres, 08901.

Lecho: Estar en la cama, peligro, 09313. Cama bien presentada, posición ventajosa, 01646.

Lechuga: Obstáculos, 03172.

Legumbres: Discordia, 05360.

Lengua: Habladora, riesgo de traición, 01299. Larga, lágrimas, 18151.

Lentejas: Faltan a la cita, 14305.

León: Pelea dura, 15380. Vencerlo, logro en el amor, 09279. Montarlo, protección durable, 07855. Verlo correr, locura, 16161.

Leona: Par en el hogar, 15579.

Liebre: Fácil adquisición, 04303.

Limón: Alivio de peleas, 03008.

Limosna: Darla, suerte, 19391. Recibirla, desgracia, 14758.

Limpiabotas: Pelea en el trabajo, 01104.

Loco: Soñar estar loco, lucidez, 02135.

Lodo: Ensuciarse los zapatos, enfermedad, 01185.

Luna: Postergación de pagos, 12166. Opaca, desgracias, 01363.

Luto: Aflicciones, 02513.

Luz: Presagio de mejoría, 04307. Muchas, beneficios, 02167.

Llaga: Estafas, 01474.

Llave: Extraviarla, anuncio de enojo colérico, 04488.

Lluvia: Ganancias, 04297. Para comerciantes, pérdidas, 19337. Tempestad, grandes disgustos.

M

Madera: Vida larga, 05242.

Madre: Protección, 06518. Hablando en el sueño, advertencia, 01362. Verla muerta, peligro personal, 07829.

Mano: Largas, amor familiar, 11553. Quemándose, o cortada, pérdida de apoyo, 03693. Disminuida de tamaño, infidelidad, 05926. Mano derecha en movimiento, trabajo seguro, 02254. Izquierda, trabajo dificultoso, 01109. Mano velluda, apatía, 14543. Blancas, amistad entre pobres y enemistad entre ricos, 09325. Varias manos, mucho poder, 02169. Tocar el fuego sin dañarse, se vencen todos los impedimentos, 15954. Mirarse las manos, enfermedad, 16182.

Manteles: Limpios, visitas agradables, 01171. Sucios, visitas ingratas, 01047.

Manzanas: Soñar con manzanas es siempre signo de sabiduría, 03729.

Mar: Tranquilo, ayuda de familia, 02367. Agitado, peleas, 06168.

Mariposa: Falsas promesas, 03012.

Mármol: Pleito seguro, 01107.

Medias: De algodón, dinero suficiente, 17300. De seda, amor frágil, 15243. Rotas, falsa fortuna, 05294.

Melón: Recuperación de enfermedad, 02498.

Mesa: Servida, abundancia, 05189. Vacía, pérdida de fortuna, 01302.

Miel: Prosperidad y salud, 01048.

Misa: Participar, paz interior, 19538.

Moneda: De oro, accidente, 01513. De cobre, dinero durable, 21124. De plata, bienestar conyugal, 15390.

Mono: Molestias, 11559.

Montaña: Viaje cercano, 12106.

Moscas: Incomodidades, 12155.

Mudanzas: Buenos augurios si es con Sol, 06574.

Muerte: De amigos o parientes, unión, 03119. De un anciano, nacimiento, 15301.

Muerto: Que habla, 02168. Que resucita, 02147. Tocarlo, larga vida, 01553.

Mujer: Verla, advertencia, 09305. Varias mujeres, diversión, 08834. Rubia, conversación, 01510. Morena, curación, 01551. desnuda, castigo, 02196.

Muletas: Pérdida en el juego, 01565.

Multa: No pagarla, desgracias, 03001.

Muslos: De mujer, vitalidad y producción, 15426. De hombre, abatimiento, 03782.

N

Nabos: Comerlos, falsa ilusión, 03687.

Naipes: Pérdida de dinero, 01458.

Nalgas: Mirarse las propias, vileza, 18567. Las de una mujer, voluptuosidad. 03041.

Naranja: Dolor y aflicción, 04125.

Nariz: Prominente, libertinaje, 17250. Aplastada, fornicación, 12095.

Negocios: Atormentado por ellos, beneficio inesperado, 03165. Buen final, matrimonio, 01461. Malos negocios, cambios favorables, 15339.

Negro: Penurias, 10700.

Números: Olvidarlos al despertar, fracaso, 01081. El uno, sociedad, dudosa, 03173. Dos, daños, 12245. Tres, intervienen abogados, 01443. Cuatro, disputa por bienes, 12185. Cinco, pena innecesaria, 09110. A partir de seis, proyectos, 03164.

O

Obispo: Seguridad, 15391.

Odio: Manifestarlo en el sueño, alguien lo aborrece, 12154.

Ojos: Abiertos, alegría, 13755. Lagañosos, faltas de las que se arrepiente, 01448. Saltones, infidelidad del hombre, 04879. Lánguidos, infidelidad de una mujer, 15429.

Ombligo: Pérdida de amigos, 09642.

Orejas: Tapadas, disputa doméstica, 15475. Largas, amigo afortunado, 15313. Cortas, traición, 03700.

Orinar: Contra la pared, negocios fructíferos, 02451. En la cama, retraso de cobro, 19349.

Oro: Ambición desmedida, 05211.

Ortigas: Engaño fatal, 06668.

Ovejas: Verlas, felicidad, 05206. Si pelean, desgracia, 01182.

P

Padre: Verlo, buena señal, 03167.

Padrino: Casamiento o bautismo, 06479.

Pájaros: Felicidad y buenos augurios, 03123. Cazarlos, tristezas, 08009. Matarlos, desgracia, 08009. Cantando, éxito, 12200. De rapiña, mal aguero, 10714. Verse como un pájaro, cambio de suerte, 11566.

Palacio: Intranquilidad, 11523.

Palangana: Llena, abundancia, 1246. Vacía, deuda, 4408.

Palomas: Romances castos, 01457.

Pan: Blanco, beneficio para el rico, 17501. Desgracia para el pobre, 14803. Negro, ganancia para el pobre, pérdida para el rico, 01405. De cebada, vitalidad, 022024.

Papa: Paz en el otro mundo, 04346.

Paraguas: Grandes logros, 02542.

Pared: Chocar contra una, grandes reflexiones, 02756.

Parral: Prosperidad, 12218.

Partes sexuales: Sanas, salud de parientes, 01401. Enfermas, parientes en peligro, 13150. Grandes y vigorosas, niños sanos, 15387. Herniadas, víctima de traición, 03084.

Parto: Presenciarlo, fortuna próxima, 01320. Trabajoso, esperanzas perdidas, 17200. Soñar dar a luz a una niña, satisfacciones con dolor, 12096.

Pastel: Cocinarlo, bienestar, 01066. Comerlo, cordialidad, 05208.

Pavo: Amigos traidores, 01411.

Peces: Grandes, beneficios, 02195. Pequeños, carencias, 23081. Ser mordido por uno, bendición, 04387. Muertos, ilusiones perdidas, 18511.

Pecho: Musculoso, 01514. Velludo, ganancia para la mujer, pérdida para el hombre, 13121.

Peinar: Conflicto, 19465.

Pelear: Presenciar pelea, mal presagio, 15387.

Pelota: Patearla, 01394. Regalarla, 05245.

Peluquero: Bien vestido, prosperidad, 03098.

Perro: Fidelidad, 15238. Dormido, 20897. Ladrando, peligro, 18861. Gruñendo a los pies, malestares, 17907. Con un gato, disputas, 04207.

Pescar: Mal que no se puede reparar, 11591.

Piernas: Vitalidad, 08919. Ulceradas, daño y perjurio, 15302.

Pies: Mutilados, pesares, 04125. Limpios, abusos, 11634. Agrietados, mal vergonzante, 02329. Atados, estancamiento en negocios, 01330. Muchos pies, enfermedad en la familia, 12097. Besar los pies, humillación, 03227. Perfumados, pérdida, 1584. Rengo, deshonra, 18911.

Piojos: Llega dinero, 02635.

Plumas: Blanca, conquista, 02453. Negra, pérdida, 1555.

Precipicio: Futuro incierto, 02495.

Prisión: Entrar, vigor, 21043. Quedarse, tranquilidad, 18618. Salir, riesgos, 19342.

Puente: Pasar por uno, trabajo seguro, 02713. De madera, cuidado en el trabajo, 01269. Caer de uno, locura, 11760.

Puerta: Ofensa, 12009.

Pulgas: Desdichas, 21047. Con chinches y piojos, atraen dinero, 19298.

Puñal: Novedades de quien no está, 04255. Sin mango, 02180. Con mango de oro, 09999.

Q

Quemar: Edificios ardiendo, fortuna para el pobre, 13520. Cama ardiendo, enfermedad grave, 13484. Muebles y ropa, injurias, 03060. Ventanas ardiendo, daño a hermanos, 1633. Ventanas traseras, daño a hermanas, 02769. Puertas, perjuicio a la dueña de casa, 05845. Negocio, ruina en el trabajo, 07801. Parva de trigo, miseria, 06847. Si no se forman cenizas, vida larga y sana, 03061. Quemarse el dedo, pecado y resentimiento, 03118.

Queso: Fatalidades, 02651.

R

Ramas: Con brotes, prosperidad, 08890. Secas, fin de una etapa, 01111. Florecidas, trabajo bien remunerado, 04896.

Ramera: Placer y honores, 19629.

Ramillete: Recibirlo, alegría efímera, 11515.

Ranas: Imprudencia, 07817.

Ratones: Enemigos enmascarados, 04920.

Rayo: Desavenencias, 23562.

Regimiento: Protección para ricos, 18631.

Reír: Anuncia lágrimas, 01649.

Relámpago: Grandes pérdidas, 12142.

Reloj: De pared, 19351. De cadena, 02015. Parado, 02199.

Reptiles: Amigos engañosos, 01523.

Retrato: Vida larga al retratado, 03077.

Remos: En barca, obstáculos, 01575. Ver remar, noticias esperadas, 02152.

Rey: Sentado en su trono, buenos empleos, 19330. Caído, muerte próxima, 4258.

Riachuelo: Aguas limpias, ganancia extra, 02127. Turbias, peleas conyugales para el enemigo, 03535. Agua cristalina, salud, 02631. Agua salada, enfermedad, 17484.

Río: Nadar, daño, 01487. Ahogarse, 02533. Poco caudaloso, encuentro con mujer, 04445. Río que corre por el dormitorio, protección, 03070. De agua turbia, querellas, 02681.

Rival: Malos negocios, 01181.

Roble: Abundancia, 15338.

Robo: Bien para el ladrón, 11516. Mal para el robado, 04382.

Rocas: Muchos dolores, 21107. No poder bajar, muerte de parientes, 09351.

Rodilla: Lastimada, miseria, 07934. Hinchada, obstáculos en el trabajo, 03127.

Rosas: Verlas y percibir su perfume, buen augurio, 04918. Fuera de temporada, desgracia, 15553.

Rosario: Apretado al cuerpo, protección, 12102.

Rueda: De carro, intolerancia, 04955. De coche, mala noticia, 03952. De auto, dinero próximo, 01234.

Ruido: Percibirlo, buena señal, 02738. Causarlo, orgullo dañino, 01972.

Ruinas: Arrepentirse de todo lo malo, 15327.

Ruiseñor: Cantando, amores falsos, 04046. En silencio, buen futuro en el amor y el dinero, 03222.

S

Sábanas: Sucias, un enemigo cerca, 3572. Limpias, honestidad, 4382.

Sabañones: Malos pensamientos, 19433.

Sacerdote: Verlo en sueños, enfermedad, 21104.

Sal: Caída, mala suerte, 08793.

Salto: Alguien lo persigue, 15517.

Sangre: Ver la propia, herencia, 04810.

Sapo: Pobreza, 15595.

Sardina: Problemas internos, 08795.

Sarna: Fortuna, 05025.

Sed: Ambición desmedida, 02773.

Seda: Anuncio de abundancia, 04412.

Seno: De comadrona, casamiento, 01572. De novia, feliz nacimiento, 06713. De virgen, placeres lujuriosos, 04442.

Sepulcro: Desgracia infinita, 15719.

Sepultura: Adversidades en la vida, 03066.

Serpiente: Traición de mujer, venganza de hombre, 04825.

Silla: Reconocimiento honorable, 01808.

Sillón: Empleo público, 03113.

Sol: Brillante, buen pronóstico, 02638. Cubierto, daño, 02556. Rojo, negocios peligrosos, 13701. Sol y luna, guerra mortal, 04356.

Soldado: Sirviendo, 08004. Peleando, 08009.

Sombrero: Aplastado, deshonra, 3188. Sobre la cama, muerte, 02566.

Sortija: Regalarla, confianza, 21102. Aceptar la, amistad, 23065.

T

Tabaco: Humo, sensualidad, 01376. Apagado, penas, 23777.

Taberna: Alegría, 13734. Después de medianoche, disgustos, 31177.

Tambor: Deseo pérfido, 01159.

Tempestad: Peligro inminente, 03852.

Tenedor: Llegan visitas, 21041.

Terciopelo: Riqueza suntuosa, 04437.

Testamento: Muerte cercana, 09324.

Tierra: Abonada, mujer virtuosa, 09464. Árida, mujer cansada, 10021. Sembrada, fortuna, 01480. Negra, melancolía, 01615. En movimiento, peligro en el trabajo, 03120. Besarla, humillación, 03109.

Tigre: Discordia, 07903.

Tijeras: Peleas entre amantes, 04809.

Toro: Envidia de amigos, 15397.

Torrente: Mal presagio, 11523.

Trabajo: Suerte afortunada, 08612.

Traje: Desalineado, desdichas, 08600. Bien vestido, dichas, 01582. Manchado, deshonra, 06663. Poseer muchos, tedio y fracaso, 07884.

Trigo: Abundancia y amor, 26189. Trasladarlo, desdichas y pesares, 04386.

Tronco: Miseria para el que lo ve, 20352. Fortuna maltrecha para quien lo toma, 01652.

Tumba: Adversidades, 01526.

U

Úlcera: Fracaso en negocios, 03111.

Uniforme: Honor, 11520.

Uñas: Largas, provecho, 09426. Cortas, trabajo, 01653.

Urna: Llena, casamiento, 10052. Vacía, soltería, 05002. Funeraria, parto, 015134.

Uva: Lujurias, 09431.

V

Vaca: Pastando, tranquilidad y esperanza, 01117. Tirada, desgracia, 01119.

Valija: Llena, cuidar el dinero, 01592. Vacía, llega dinero, 09078.

Vaso: Lleno, casamiento, 0783.

Vecino: Malestares, 0151.

Venta: Beneficio transitorio, 10389.

Ventana: Arrojarse, pérdida de pleito, 23870. Abierta, protección, 02065. Cerrada, obstrucciones, 03810.

Vestido: Sucio, desengaño pasajero, 20005. Elegante, admiración interesada, 01657. Colorido, penas, 15441.

Viaje: Caminando, desgracias imprevistas, 06673. A caballo, fortuna, 04988. Viajar con armas, consigue mujer, 05142.

Víbora: Mujer traiciona, hombre castiga, 13800. Matarla, gloria, 09448. Si se enrosca, encierro prolongado, 09975.

Vientre: Hinchado, buenas nuevas, 09473. Flácido, impedimentos, 01659. De mujer, unión ilegal, 02645. De hombre, amor traicionado, 15389.

Vinagre: De vino, ofensa, 09466. Blanco, injurias, 10698. Beber, pelea casera, 09926.

Vino: Puro, vitalidad, 01422. Aguado, salud frágil, 02521.

Viñedo: Profusas riquezas, 19351.

Violeta: Encuentro de amor, 25053. Fuera de temporada, pérdidas de todo tipo, 03569.

Violín: Sonando, concordia, 14726. Tocarlo, proyecto trunco, 11525. Abandonado, penas, 12153.

Virgen: Alegría verdadera, 01477.

Visión: Miedos, 8765.

Visitas: Recibirlas, tareas extras, 15333. Hacerlas, grave perjuicio, 09430. Al médico, beneficios, 08005.

Viudez: Tranquilidad, 16405.

Z

Zanja: Peleas domésticas, 14766.

Zapatos: Nuevos, beneficios económicos, 11521. Perder uno, miseria, 06775. Viejos, disminución, 07818.

Zorra: Engaño, 15233. Pelear con una, 11531. Ser mordido, engaño de mujer, 12145.

Zueco: Buen pasar, 09248.

Ángel, 06505

Antonio, 13019

Antonino, 08623

Aquilino, 12182

Arturo, 17298

Augusto, 17230

Baltasar, 13121

Bárbara, 05192

Bartolomé, 17167

Basilia, 15161

Basilio, 13015

Bautista, 03377

Elena, 06406

Elías, 13031

Emilia, 04469

Emilio, 12236

Enrique, 03762

Ésteban, 17131

Cirilo, 13020

Clementina, 12179

Clotilde, 07144

Cristina, 08452

Cayetano, 06506

Dalila, 12235

Daniel, 09256

Damián, 14456

Dolores, 19261

Domingo, 13682

Dorotea, 12180

Gerónimo, 08301

Gervasio, 13005

Gregorio, 04465

Guillermo, 15856

Heliodoro, 14457

Hermenegildo, 18532

Herodoto, 13798

Hilario, 10584

Hipólito, 0644

Horacio, 17356

Hugo, 1820

María, 15885

Martín, 14108

Martina, 13853

Mateo, 14585

Matilde, 20150

Mauricio, 11756

Máximo, 06407

Lucía, 18529

Luciano, 10094

Luis, 09297

Manuel, 13028

Marcelino, 21193

Marcos, 09219

Margarita, 03379

Saturnino, 1790

Sebastián, 18360

Severino, 21194

Silvestre, 22853

Simenón, 22016

El color en los sueños

Las vibraciones luminosas de determinada frecuencia de longitud y de onda, causan en el ojo humano un efecto que se denomina color.

Mientras que el color negro se caracteriza por la ausencia total de luz, el blanco está formado por los colores simples que forman el espectro.

La luz blanca del Sol se descompone en siete colores: rojo, anaranjado, amarillo, verde, azul, añil, y violeta. La combinación de dos o más de estos colores permiten la obtención de nuevos matices.

En los sueños hay que tener en cuenta esta diferencia de matices, ya que un mismo color simboliza cosas diferentes según sea más o menos oscuro o claro.

En líneas generales los matices oscuros indican aspectos desfavorables, en tanto que los claros resultan más promisorios. Los colores violentos se relacionan con la pasión; cuando el color incluye el negro en su composición, tiene un significado contrario al que se le da cuerda, por lo que no tiene esa mezcla. El rojo brillante, por ejemplo, simboliza un amor apasionado; el rojo teñido con negro, simboliza un odio profundo.

Violeta:

En sus matices cálidos, simboliza fuerza; en los oscuros, pesadumbre; la delicadeza y la cautela están representados por los matices más claros.

Si el que sueña aparece en el sueño con alguna prenda violeta (joya o ropa), o aparece la imagen de alguna otra persona vestida de ese color, se interpreta de acuerdo con el tono del violeta. Si el violeta es oscuro, anuncia una pérdida para el soñante o para alguna persona cercana; si es cálido y suave, anuncia mejorías en diferentes situaciones; si es claro, se refiere a alguna operación comercial complicada, en alguna contrariedad, el soñante podrá resolverlo sin mayores dificultades.

Rojo:

El rojo oscuro, se refiere a pasiones incontrolables y violentas; el rojo brillante, a amores apasionados que están dispuestos a luchar contra cualquier obstáculo; del rojo suave al pálido, representan amores más tranquilos pero fieles; cuando el rojo aparece mezclado con negro, simboliza odio.

Anaranjado:

Este color está formado por el rojo y el amarillo. Cualquier imagen que contenga alguno de estos colores simboliza cosas beneficiosas, entusiasmo y tranquilidad.

Amarillo:

El amarillo más oscuro se forma con verde y negro, simboliza bienes obtenidos de fuentes dudosas o que ocultan ambiciones nada honestas. El amarillo claro simboliza una vida apacible, una ocupación que da ganancias seguras y suficientes y, por lo tanto, tranquilidad material.

Verde:

Cuando es claro simboliza aspectos positivos, sobre todo para jupiterianos y mercurianos. Caminar por sitios donde la vegetación es verde, pero predomina lo claro, es de buen augurio. El verde claro es esperanza, alegría y paz espiritual.

El verde oscuro tiene color negro en su composición: simboliza ilusiones cohartadas, esperanzas truncadas, esfuerzos inútiles, envidia y maldad.

En la antigüedad los artistas representaban al diablo vestido de rojo y con zapatos verdes; los verdugos se vestían la mitad de rojo y la otra mitad de verde. Cuando estas imágenes aparecen en un sueño son, por lo general, de mal presagio. Lo mismo ocurre con los bosques o cualquier follaje, cuando el verde está matizado con tonalidades de negro, es decir: presagia amenazas o peligros.

Azul:

La autoridad está simbolizada por el azul oscuro; el despotismo y la tiranía por el azul-negro. Mientras que el azul claro, representa candor y fidelidad, armonía en todos los sentimientos.

Índigo:

A pesar de que es un color oscuro, resulta benéfico, ya que no interviene el negro en su composición. En sus aspectos más positivos, representa lo mismo que el color azul.

Negro:

Simboliza la muerte y el duelo.

Blanco:

Simboliza la alegría y la pureza. Los paisajes claros y brillantes, las piedras blancas y translúcidas como el diamante, se consideran signos positivos.

La antigua tradición popular, especialmente los jugadores, han buscado el simbolismo del color en la tabla cabalística de los sueños.

Tabla de los colores en el sueño

Amarillo: Soberbia, posesión, locura, 26.

Amarillo oscuro: Desesperanza, 827.

Amarillo y Azul: Acuerdo, 07.

Amarillo y Blanco: Indiferencia, 33.

Amarillo y Carmín: Sensaciones intensas, 93.

Amarillo y Negro: Angustia, 92.

Amarillo y Verde: Correspondencia en el amor, 38.

Amarillo y Violeta: Perfidia, 94.

Azul: Entereza, 78.

Azul plateado: Lejanía, 78.

Azul violáceo: Martirio, 66.

Azul y Celeste: Envidia, rivalidad, 22.

Blanco: Fortaleza, 90.

Blanco y Negro: Contrariedad, 15.

Blanco y Rojo: Liberación, 77.

Blanco y Verde: Firmeza, 43.

Blanco y Violeta: Decepción, 35.

Carmesí: Éxito, 82.

Castaño: Agradecimiento, 26.

Cinta Amarilla: Alguien va, 20.

Cinta Azul y Blanca: Quedarse en casa, 69.

Cinta Blanca: Tolerancia, 24.

Cinta Negra: Templo, 32.

Cinta Verde: Paciencia, 28.

Morado: Tedio, 35.

Morado y Verde: Ilusión, 01.

Negro: Pesadumbre, 67.

Verde: Esperanza, 91.

Violeta: Seducción.

TÍTULOS DE ESTA COLECCIÓN

30,000 Nombres para Bebés. *Vivi Morales*
Ángeles, Demonios y Dioses del Nuevo Milenio. *L. M. Duquette*
Ataque a la Civilización. *Stephanie J. Clement*
Clonación ¿El Futuro de la Humanidad? *Varios*
Diccionario de Sueños Eróticos. *Solomon L. Gold*
Diccionario Gitano de los Sueños. *Raymond Buckland*
Diccionario Máximo de los Sueños. *Eili Goldberg*
El Continente Perdido de Mu. *Col. James Churchward*
El Proyecto Divino. *Robert Perala / Tony Stubbs*
El Libro Completo de los Vampiros. *N. Jackson*
El Libro de los Espíritus. *Allan Kardec*
El Libro de los Mediums. *Allan Kardec*
El Temible Mal de Ojo. *Marco Antonio Gómez Pérez*
Esoterismo. *Fortune Dion*
Fantasmas, Leyendas y Realidades. *Varios*
Fragmentos Originales del Necronomicón. *Marcelo Bigliano*
Historias de Vampiros. *Nancy Kilpatrick*
La Atlántida. *J. M. Allen*
La Sibila.
Las Más Famosas Leyendas de la Mitología. *Robina Fox*
Las Momias Hablan. *Varios*
Las Profecías de Nostradamus. *Varios*
Las Profecías de Nostradamus y Diccionario. *Varios*
Las Profecías del Juicio ¿Final? *Varios*
Los Hijos de Mu. *Col. James Churchward*
Los Símbolos Sagrados de Mu. *Col. James Churchward*
Los Sueños. *Morfeo*
Los Sueños y sus Símbolos. *Marie Coupal*
Los OVNIs y la Aviación Mexicana. *Guzmán/Salazar*
Más Allá de lo Creíble. *Francisco Domínguez*
Origen y Significado de los Nombres Propios. *G. Velázquez*
Relatos Verdaderos de Fantasmas. *Varios*
Ritos y Mitos de la Muerte en México. *Gómez/Delgado*
San Cono. Sueños, Numerología, Oraciones y Milagros. *R. Regio*
Síndrome del Contactado. *Guzmán/Gómez/Domínguez*
Tiempo de Hienas. *Nestor Medina*
Tu Escritura, Quién y Cómo Eres. *Carmen Alfonso*

Impreso en Offset Libra

Francisco I. Madero 31

San Miguel Iztacalco,

México, D.F.